FAÏENCES ANCIENNES

Objets d'Art & de Curiosité

STATUE DE LA REINE MARIE-AMÉLIE

CABINET

DE

M. MATHIEU-MEUSNIER

STATUAIRE

VENTE

Les Lundi 5, Mardi 6 & Mercredi 7 Décembre 1864

A DEUX HEURES

EXPOSITIONS

Particulière, le Samedi 3 Décembre;
Publique, le Dimanche 4 Décembre.

Mᵉ Charles OUDART	**M. ARONDEL**
COMMISSAIRE-PRISEUR	EXPERT
8, Cité d'Antin.	5, Passage Stanislas.

RENOU & MAULDE

IMPRIMEURS DE LA COMPAGNIE DES COMMISSAIRES-PRISEURS

Rue de Rivoli, n° 144.

CATALOGUE

d'une intéressante collection

DE

FAÏENCES

Persanes, Italiennes, Hispano-Mauresques, Hollandaises & autres

ET DE PRESQUE TOUTES LES

FABRIQUES FRANÇAISES

OBJETS D'ART & DE CURIOSITÉ

MEUBLES, TAPISSERIES

Composant le Cabinet de M. MATHIEU-MEUSNIER

STATUAIRE

STATUE EN PIED, EN MARBRE

DE

LA REINE MARIE-AMÉLIE

Par M. MATHIEU-MEUSNIER, d'après PRADIER

DONT LA VENTE AURA LIEU

HOTEL DES COMMISSAIRES-PRISEURS

Rue Drouot, n° 5

SALLE N° 5

Les Lundi 5, Mardi 6 et Mercredi 7 Décembre 1864

À 2 HEURES

Par le ministère de Me **CHARLES OUDART**, Commissaire-Priseur,
Cité d'Antin, n° 8;

Assisté de M. **ARONDEL**, Expert, Passage Stanislas, 6.

Chez lesquels se trouve le présent Catalogue.

EXPOSITIONS

PARTICULIÈRE, le Samedi 3 Décembre, de midi à 5 heures.

PUBLIQUE, le Dimanche 4 Décembre, de midi à 5 heures.

PARIS — 1864

CONDITIONS DE LA VENTE

Elle sera faite au comptant.

Les Acquéreurs paieront CINQ pour CENT en sus du prix d'adjudication.

NOTA. Les pièces marquées d'une astérisque * sont décrites dans le *Guide de l'Amateur*, de M. Auguste Demmin, 1863.

DÉSIGNATION

PALISSY, FAIENCES ITALIENNES, ITALO-
MAURESQUES, CURIOSITÉS.

*1 — Grand bassin rustique, faïence émaillée de Bernard
Palissy.

Sur un îlot sablonneux, couvert de coquillages,
s'enroule une anguille. Autour de cette espèce de
banc circule un courant d'eau dans lequel nagent
d'autres poissons. Le rebord est couvert de plantes, de coquillages, de reptiles, de lézards et de
grenouilles Les plantes et les animaux sont tein-
tés de leurs couleurs naturelles.

1 *bis* — Gourde en forme de dauphin, terre émaillée,
école de Palissy, fabrique de Fontainebleau?

*2 — Grand plat italien, reflet métallique.

Au fond du plat, un cavalier couvert de son ar-
mure, dans la manière d'Albert Durer ; sur le
marli une inscription : IO MA RECHOM AN DA DIO.
Fabrique de Pesaro. XVIᵉ siècle.

3 — Grand bassin à reflets métalliques, bordure à bos-
sages. Collection Soltikof.

Au fond du bassin, un écusson avec un lion de-
bout. XIVᵉ siècle.

4 — Grand bassin italo-mauresque, émail jaune à reflets
métalliques, décor bleu.

Au fond du bassin le monogramme du Christ.
XVᵉ siècle. Collection Soltikof.

5 — Grand plat siculo-mauresque à reflets métalliques,
décor bleu et jaune.

Au revers, un aigle aux ailes éployées.

6 — Grand plat italien. Ornements repoussés, rehaussés de bleu composés de chimères, coquilles et mascarons. Fabrique de Savone. Très-belle pièce.

*7 — Petit plat italien, très-creux, à larges bords.

Au fond, un buste de guerrier, avec inscription : *Gabriel da Gubio*. Sur le marli, quatre armoiries différentes sur fond jaune. Faïence de Gubbio, feuillages et fleurs sur le marli.

8 — Petit plat italien, cannelé, fond bleu, décor blanc.

Au fond, un médaillon représentant un buste de femme tenant une colonne brisée. Fabrique de Faenza. XVI⁰ siècle.

9 — Petit plat italien. Ornements en relief.

Sur le marli, fleurs et fruits ; au fond, un Amour. Fabrique de Venise.

*10 — Plaque à cadre, italienne, faïence polychrome, sur jet architectural.

Genre des tableaux de Canaletti, avec cette inscription : *Convento e chiesa della Madonna del orta Dei padri Ambrosiani in Veneza*.

11 — Petit plat italien, décor architectural : Venise.

12 — Petit plat italien armorié au fond. Arabesques, blanc sur blanc, *sopra bianco*.

13 — Plat italien, fabrication de Candiana, imitation du décor perse.

14 — Plat italien, fabrique Urbino. Jugement de Salomon.

15 — Petit plat italien, décor vert ; au fond du plat, *Chasadera*.

16 — Petit plateau ; au fond, le monogramme des jésuites. Il porte la date 1628.

17 — Plat creux cannelé. Fabrique Faenza.

18 — Plateau italien. Fabrique Urbino.

19 — Plateau (autre) italien. Fabrique Urbino.

20 — Plat italien à reflets métalliques, fond émaillé bleu, décors arabesques. Fabrique de Venise.

21 — Plat italien. Arabesques sur engobe, armoiries au fond. Fabrique de la Frata.

22 — Plat à reflets métalliques. Fabrique espagnole de Manissès; émail jaune ivoire, décor brun rouge.

23 — Plat à bords rocaille, décor polychrome, personnages et architecture. Fabrique de Savone.

24 — Grand plat, terre brune, chargé d'ornements très-fins en or. Avignon (?) Ecole italienne. Très-rare.

25 — Grosse cruche italienne. Fabrique de *Castel-Durante*.

Sur la panse, un grand médaillon romain, casqué.

26 — Vase italien à deux anses. Fabrique Pesaro, à reflets métalliques.

27 — Aiguière de pharmacie, a anse et goulot.

Sur la panse, un combat ' 'eux cavaliers couverts d'armures du XV᷍ᵉ 'ne tête de chimère sert de motif au goul᷍e ᷍'abrique de Faenza.

28 — Aiguière de pharmacie, semblable à la précédente pour la forme.

Sur la panse, un médaillon de femme. Faenza.

29 — Gros vase de la fabrique de Castel-Durante.
Sur la panse, un S.-André.

30 — Petit pot à lait italien, paysage et architecture. Fabrique de Castelli. XVIIᵉ siècle.

᷍· — Pot italien, forme casque avec armoiries. 1619.

32 — Vase de pharmacie, forme cylindrique, armorié. Monogramme daté 1630.

33 —   Id.   armorié. Daté 1580.

*34 — Gourde de chasse.

Sur le devant, deux figures à mi-corps s'enlacent; les rinceaux et le groupe sont en relief, fond grisbleu. Faïence de Venise (?)

35 — Pots (deux) italiens, fond grisbleu, décor polychrome à goulot étroit. Armoriés, Venise (?)

36 — Pied chaussé du cothurne. Fabrique italienne.

36 *bis* — Petit drageoir faïence de Venise. Pièce remarquable par son goût et sa finesse.

37 — Pot à surprise. Col découpé à jour, terre vernissée. Fabrique espagnole (?)

38 — Plat. Faïence de Perse, décor bleu, vert et rouge sur fond blanc, du plus bel émail. Pièce extra-fine.

39 — Plat de Perse, à fleurs rouge, bleu et vert.

40 — Plat de Perse. Au fond une rosace, décor rouge, bleu et vert. Belle bordure.

41 — Petit bol oriental avec son pied en bois découpé à jour. Fabrique de Siam.

42 — Grand médaillon armorié, terre émaillée. Fabrique suisse, daté 1612.

43 — Grand plat de Nuremberg. Résurrection avec monogramme, daté 1629, terre émaillée verte.

44 — Petit plat allemand, fabrique de Nuremberg, terre émaillée verte.

Dans le fond, un cavalier avec une dame assise en croupe, avec monogramme, et la date de 1629.

45 — Petit encrier. Faïence de Nuremberg.

46 — Grès de Flandre. Grande canette, pâte gris clair, décor bleu, sujet biblique (le Bon Samaritain). Date
1619.

47 — Grès de Flandre. Petite canette, pâte grise, ornements bleus, garniture étain.

48 — Grès de Flandre. Grande canette garnie d'étain,
pâte brune, médaillons, bustes avec attributs.
XVIIe siècle.

49 — Petit grès analogue au précédent.

50 — Couteau Birman.
La lame est en damas et à gouttière. La nais-
sance, ainsi que la gouttière de la lame, sont finement ciselées, recouvertes d'argent. La poignée
en bois de fer sculpté est garnie d'or massif très-
finement ciselé à jour.

51 — Pistolet à deux coups, canons très-courts.
Les bois des pistolets sont garnis d'incrustations
et ciselures cuivre et argent, du goût le plus pur.
Travail du XVIIe siècle.

52 — Peigne en bois, sculpté à jour et orné de marque-
terie d'ivoire de diverses couleurs.
Travail italien du XIVe siècle. Collection Debruges.

53 — Brosse. Le dessus est couvert d'incrustations très-
fines nacre et cuivre.
Travail français du XVIe siècle.

54 — Coiffure de femme en jayet.

55 — Grandes boucles d'oreilles arabes, ornées de corail.

56 — Boucles d'oreilles arabes, argent et perles de corail.

57 — Chausse-pied en corne.
Il est gravé, couvert d'arabesques. Trois médaillons représentant l'Éternel, la Création et la Ten-
tation d'Eve. Il porte la date de 1597.

58 — Couteau et fourchette en fer damasquiné d'or et d'argent, xvi⁰ siècle.

59 — Une paire de mouchettes en cuivre.
Sur la boîte, une victoire. Les branches sont
formées de deux Hermès, travail du xvi⁰ siècle.

60 — Sablier (petit) en cuivre, époque Louis XIII.

61 — Petit cadre carré, en argent filigrame, travail véni-
tien.

62 — Râpe à tabac en buis, ornements ivoire, fermeture à
secret.

63 — Râpe à tabac en ivoire.
Le sujet, finement sculpté, représente une nym-
phe assise sur une fontaine.

64 — Râpe à tabac en ivoire : elle représente un guerrier
combattant, en pied.

65 — Clef en fer ciselé. L'anneau est formé de deux chimères accolées, ornement repercé à jour, travail
français du xvi⁰ siècle, pièce rare.

66 — Clef à peigne, tige en forme de gaine carrée, repercée
à jour, rosace évidée au bas de la tige.
Travail français du xvi⁰ siècle.

67 — Clef ciselée. L'anneau est d'un travail très-fin, époque
Louis XIV.

68 — Clef en fer. L'anneau est formé par un dauphin, ter-
miné par des pieds-de-biche.

69 — Clef en fer, époque Louis XIII.

70 — Serrure en fer à personnages, ciselée en ronde-
bosse, représentant l'Annonciation.
Travail du xv⁰ siècle.

71 — Serrure gothique en fer, très-curieuse comme rareté
de forme.

72 — Verrou en fer, avec armes et chiffre de Catherine de
    Médicis. Des K accotés autour d'un globe. Devise.

73 — Verrou en fer (autre) moins les armes. Une couronne
    remplace la devise.

74 — Verrou en fer provenant du château d'Écouen.

74 *bis*. Verrou en fer avec monogramme HAM entrelacés.

75 — Verrou en fer repoussé Henri II.
    Sur la plaque, les armes de France surmontées
    d'une couronne royale; au bas, le monogramme
    de Diane de Poitiers.

76 — Verrou (autre) de la fin du xvie siècle.

77 — Muserole en fer portant la date de 1558.

78 — Muserole (autre) en fer avec une inscription :

WEROFGOT VER TRVWET DER FAST b V WET.

79 — Muserole (autre) en fer, avec inscription : AVE SGF.

80 — Éperon en fer doré, xvie siècle.
    L'éperon est composé de dauphins et la molette
    des sept têtes de l'hydre.

81 — Heurtoir en fer avec armoiries.

82 — Heurtoir gothique avec rosace découpée à jour.

83 — Coffret (grand) en fer. Gothique. Collection Jacquinot
    Godart.

84 — Coffret (petit) en fer ciselé.
    Travail allemand du xvie siècle.

85 — Crémaillère en fer dont le centre et les extrémités
    sont fleurdelisées.

86 — Plaque de cheminée en fonte aux armes de France,
    datée de 1639.

87 — Médaillon en bronze florentin, et son étui.
    Le sujet représente la reddition d'une ville. Le
    même médaillon se trouve en étain à la collection
    Sauvageot.

88 — Mortier en bronze, orné de fleurs de lis et de figures
de sainteté.

89 — Chenets (paire) en cuivre repoussé.
Sur la face, deux bustes de femme dont la tête
est surmontée d'une couronne fleurdelisée. Époque Louis XIII.

90 — Plat en étain avec un sujet de Briot, représentant
Loth et ses filles.

91 — Tasse à bouillon en étain, avec couvercle portant devise; le couvercle retourné sert de pied à la tasse.

92 — Pièce de Dinanderie représentant dans le fond un
combat naval; devant un combat de cavalerie, le
tout entouré de trophées de guerre.

93 — Bassin (très-grand), en cuivre, ornements en relief
sur le marli. Adam et Eve au fond.

94 — Bassin (grand) en cuivre, avec inscription, à ornements repoussés.

95 — Couvercle de bassinoire repoussé et découpé à jour,
fleurs en relief; au milieu, un buste romain.

95 *bis*. Petite lanterne du xviie siècle.

96 — Croix bysantine en cuivre repoussé.

97 — Croix du xve siècle en cuivre repoussé.

98 — Croix (petite) gravée, en buis, sujet biblique, xv^e
siècle.

99 — Albâtre (petit) du xvie siècle, avec sa bordure dorée.

100 — Albâtre (grand) du xvie siècle : La Nativité.
Cet albâtre est très-remarquable. Les détails de
l'architecture sont d'un fini précieux; dans l'ornement se trouve une frise équestre qui rappelle les
belles frises du Parthénon. La Vierge est inspirée
des Vierges de Raphael. D'un bon état de conservation.

VERRERIE DE VENISE

101 — Grande coupe très-profonde, cannelée, émaillée bleu et or.

102 — Grande coupe très-profonde, cannelée, émaillée bleu et or.

103 — Coupe à boire en verre de Venise vert, bordée de blanc.

104 — Autre id. Le haut de la coupe est enroulé de verre jaune imitant des fils d'or.

105 — Petit vase en verre, à anses, imitation de la pâte de riz de Chine. Petite pièce rare.

106 — Petite coupe profonde, à anses et à pieds, verre blanc, autour une sorte de petit serpent en verre bleu.

107 — Tasse et soucoupe, verre imitation d'agate.

108 — Hanap, verre émaillé or, blanc et bleu, pied bleu.

109 — Burettes (deux) filigranées de verre blanc, avec anses dentelées, petites pièces extrêmement pures et fines.

110 — Burettes à décor, verre blanc, à dents.

110 bis. Bouteille, même décor.

111 — Buire très-élégante de forme, avec mufles-de-lion en relief et dorés.

112 — Verre de Venise à ailerons bleus, la coupe très-évasée.

113 — Petit verre filigrané de blanc, extrêmement fin.

114 — Vase sans pied, à ornements en relief; mufles-de-lion à ornements.

115 — Flambeaux (paire de) verre coloré en jaune, reflétant la couleur de l'or.

116 — Flambeau en verre opaque très-élégant de forme.

117 — Deux tasses et soucoupes en verre brun opaque.

118 — Grand verre, fabrique de Bohême.

119 — Bouteille en verre de Venise, bleu turquoise, avec fleurs rouges en relief, bordées d'or.

120 — Bouteille.   *Id.*

121 — Plateau, verre gravé, blanc.

122 — Deux petites figures ronde-bosse, verre opaque.

123 — Enfant portant des corbeilles de fleurs.

124 — Verreries de Venise. Ces verreries doivent être divisées.

124 *bis.* Tasse et Soucoupe jaspées et aventurinées.

MEUBLES, TAPISSERIES

ARMES ET INSTRUMENTS DE L'OCÉANIE, ETC.

125 — Table renaissance avec pieds cannelés, xvie siècle.

126 — Grand meuble en chêne à deux corps, formant dressoir avec portes vitrées.

127 — Stalle renaissance, xvie siècle, en chêne,

128 — Grand coffre renaissance en bois de chêne, orné
d'arabesques sculptées, XVI° siècle.

129 — Meuble en chêne sculpté. Ce meuble est disposé pour
faire une toilette à l'intérieur.

130 — Deux escabeaux, XVI° siècle.

131 — Fauteuil Louis XIII, recouvert de tapisserie.

132 — Grand dressoir normand avec armoire et fronton.

133 — Vaissellier, à galeries en chêne, pour assiettes.

134 — 6 grandes tapisseries des Flandres, représentant des
scènes de la vie d'Alexandre-le-Grand, 2 portières
représentant 2 portraits d'Alexandre, l'un à pied,
l'autre à cheval.

135 — Un lot d'armes, parties de costumes, pagaies, crics,
zagaies, flèches, chaussures, chapeaux, etc., de
l'Océanie et de la Sénégambie.

135 *bis*. Cheminée en bois. Petite.

135 *ter*. Un charmant petit Lustre flamand, en cuivre.

TABLEAUX, STATUES. BRONZES

—>o<>o<—

LA REINE MARIE-AMÉLIE

Statue en marbre blanc Carare, par M. **Mathieu-Meusnier**,
d'après un petit modèle de Pradier. 1 mètre.

MORT DE LAÏS. Reproduction en petit de la Statue originale placée dans le jardin réservé de S. M. l'Empereur, au Palais des Tuileries. Marbre.

Philosophe dit **Aristide**. Statue drapée, 0,85 c. Marbre. Copie fidèle de l'antique.

Un Groupe en bronze par M. Eugène Gonon, représentant le *Combat d'une Vipère et d'un Rat,* près d'un nid de fauvettes. Le modèle et la fonte sont de M. Gonon. Ce groupe, merveilleux spécimen de la fonte à cire perdue, est fondu d'un seul jet, c'est une épreuve unique.

Tête d'étude en terre cuite, par Fratin. *Une Madeleine éplorée.*

Tête d'étude, par M. **Yvon**.

Portrait de Femme, par Philippe de Champagne.

FAIENCES FRANÇAISES

MARANS

136 — Grand et beau vase de galerie, forme balustre.

    Il est orné de guirlandes et de feuilles d'acanthe en relief, décor polychrome, École de Rouen, de la plus grande finesse. Hauteur, 80 c. Fabrique de Marans, près La Rochelle (Charente-Inférieure). Le groupe de fleurs et fruits qui le surmonte pourrait bien n'être pas de la même fabrique. La provenance de cette très-intéressante pièce nous a été révélée par une fontaine, en tout, semblable comme décor, pâte, etc., que possède le Musée céramique de Sèvres et portant en toutes lettres: MARANS. 1754, accompagné du monogramme B, dont la ligne verticale allongée se termine par un K.

NEVERS

137 — Grande et belle aiguière, et son plateau de la plus belle forme. Décor bleu, chinois.

    Pièce remarquable par son ensemble et son exécution.

138 — Petite aiguière. Décor bleu.

139 — Grand plat, décor chinois, bleu et manganèse.

140 — Grand plat (autre), décor chinois, très-fin bleu.

141 — Plat à bords cannelés rayonnants, décor chinois.

142 — Porte-lumière en applique, époque Louis XIII.

143 — Petite gourde, décor sur fond dit bleu-lapis de Nevers.

Ornements blancs et jaunes.

144 — Grande plaque, décor bleu, sujet chinois. Le tout
entouré par une riche bordure en fleurs Nevers?...

146 — Vase, forme cornet, décor bleu et rouge.

147 — Gros tonneau ; sur le devant, personnages attablés,
buvant et fumant.

148 — Saladier, l'arbre d'amour.

149 — Saladier, pont de Nevers.

FAIENCES PATRIOTIQUES ET EMBLÉMATIQUES

Ayant rapport à des événements du jour sous Louis XVI,
la Révolution, l'Empire, Louis-Philippe, etc.

150 — Cinq assiettes, étant relatives à l'invention des bal-
lons. Deux portent des légendes : *Bon voyage !
Adieu !*

Quatre assiettes fleurdelisées ; l'une porte la
marque A dans la terre.

Quatre autres assiettes fleurdelisées ; sur l'une
d'elles : *Vive le roi !*

Cinq assiettes avec drapeaux et emblèmes.

Trois assiettes avec inscriptions patriotiques.

Seize assiettes représentant les emblèmes du Tiers-État.

Quatre assiettes de différentes fabriques avec attributs agricoles.

Huit assiettes avec inscriptions patriotiques.

Six assiettes avec légendes.

Trois assiettes relatives à la paix avec inscriptions et personnages.

Deux plats avec inscriptions patriotiques.

Quatre assiettes avec attributs patriotiques.

Six assiettes avec légendes, inscriptions et personnages patriotiques.

Trois assiettes de fabrique nivernaise avec emblèmes.

Huit assiettes de Nevers avec inscriptions et décors patriotiques.

Sept assiettes représentant la Liberté caractérisée par des oiseaux s'échappant de cages avec le mot Liberté.

Trois assiettes avec emblèmes, attributs relatifs à la *liberté*.

150 *bis*. Saladier représentant la prise de Mantone, avec quarante personnages.

ROUEN

151 — Aiguière dite casque avec son plateau, riche décor bleu.

152 — Grand bassin avec armoiries et fleurdelisé à l'intérieur, très-riche de décor, pièce exceptionnelle.

153 -- Grande fontaine, décor polychrome, de la plus belle qualité comme exécution.

154 — Grand plat rond, décor bleu, rosace de la grandeur du plat.

155 — Grand plat rond, décor bleu, rosace au milieu, très-belle bordure.

156 — Grand plat rond, décor bleu,   id.

157 — Grand plat rond, décor bleu,   id.

158 — Grand plat rond, décor bleu,   id.

159 — Grand plat rond, décor bleu,   id.

160 — Grand plat rond, décor bleu, rosace au milieu, très-basse bordure.

161 — Grand plat rond, décor bleu,   id.

162 — Plat moyen rond, décor bleu,   id.

163 — Plat moyen rond, décor bleu,   id.

164 — Plat moyen rond, décor polychrome.

165 — Plat moyen rond, décor bleu.

166 — Plat moyen rond, décor quadrillé.

167 — Plat rond moyen, décor polychrome dit au carquois.

168 — Plat rond moyen à la corne.

169 — Plat rond moyen à la corne.

170 — Plat ovale, dentelé, belle rosace au milieu, déc. bleu.

171 — Grand plat ovale, dentelé, très-couvert d'ornements.

172 — Grand plateau quadrillé, polychrome, d'une forme très-belle et rare.

173 — Grand plat, long décor bleu.

174 — Plateau, décor bleu très-fin.

175 — Plateau dit bannette, décor polychrome.

176 — Plateau dit bannette, décor polychrome.

177 — Bannette, décor au carquois.

178 — Plateau octogone, élevé sur un pied, déc. bleu tr.-fin.

179 — Cuvette à pans coupés, décor polychrome, tr.-riche.

180 — Cuvette rocaille, décor genre corne.

181 — Cuvette ovale, bordure dentelée, décor bleu.

182 — Aiguière, casque, décor bleu.

183 — Aiguière, forme casque, décor bleu.

184 — Cruche à surprise, décor bleu, très-riche de décor.

185 — Cruche Saint-Louis, décor polychrome très-fin.

186 — Cruche Saint-Pierre, décor polychrome.

187 — Cruche ornements, décor polychrome.

188 — Cruche polychrome, décor quadrillé polychrome.

189 — Cruche et son bassin, décor à la corne. Sur le devant, oiseaux et papillons ; monture bronze doré.

190 — Cuvette, fond bleu empois, décor polychrome.

191 — Soupière, fond bleu empois, décor polychrome. Son couvercle et son plateau.

192 — Tasse à bouillon, décor à la corne.

193 — Petite ménagère, décor bleu.

194 — Deux gourdes aux armes de la maison d'Orléans, décor bleu.

195 — Deux gourdes, décor à la corne, avec chinois, tr.-f.

196 — Théière, décor polychrome.

197 — Pot à tabac, décor polychrome.

198 — Petit plat octogone, décor polychrome à guirlande, corbeille au milieu.

199 — Petit plat octogone, décor très-riche.

200 — Petit plat octogone, décor bleu très-riche.

201 — Deux compotiers très-profonds décor à la corne.

202 — Très-belle assiette à rosace et rayonnements à huit branches, pièce très-fine.

203 — Assiette décor bleu rosace au milieu.

204 — Assiette décor bleu rosace au milieu.

205 — Assiette décor bleu motif avec oiseaux au milieu.

206 — Assiette décor très-riche polychrome.

207 — Autre assiette décor très-riche polychrome.

208 — Autre assiette décor très-riche polychrome.

209 — Autre assiette décor très-riche polychrome.

210 — Assiette décor polychrome fruits extrêmement fins au milieu.

211 — Autre assiette décor polychrome fruits extrêmement fins au milieu.

212 — Assiette décor polychrome à guirlande de fleurs corbeille au milieu.

213 — Autre assiette décor polychrome à guirlande de fleurs corbeille au milieu.

214 — Assiette décor polychrome, dans le fond un paysage en camïeu bleu.

215 — Assiette bleu empois décor polychrome.

216 — Très-bel encrier adhérent à un plateau, décor bleu très-riche.

217 — Sucrière décor bleu très-riche.

218 — Sucrière décor bleu très-fin.

219 — Sucrière décor bleu très-fin.

220 — Sucrière décor polychrome.

221 — Plat à barbe décor quadrillé.

222 — Plat à barbe décor à la corne.

223 — Plat à barbe décor bleu.

224 —- Porte-huilier décor polychrome très-fin.

225 — Grand Bacchus.

226 — Sous un numéro. Trente assiettes environ, décor dit
à la corne avec sujets : oiseaux, Chinois, coqs, carquois, et quadrillés. Variétés très-intéressantes.

226 *bis.* Assiette genre à la corne. Au fond, un grand dra-
gon. Très-rare.

MIDI

227 — Très-belle Fontaine avec son couvercle et son support. Le décor représente la rade de Marseille, le
couvercle est orné de poissons en reliefs, ainsi que
la fontaine.

228 — Pot à eau et sa Cuvette à sujets ; sur la panse du pot,
et au fond de la cuvette, paysages à figures en
camaïeu jaune. Décor rocaille polychrome d'une
extrême finesse.

229 — Soupière et son couvercle, décor rocaille, à médaillons et personnages; le bouton du couvercle est
formé par une tête de canard.

229 *bis.* Autre Soupière, très-fine de décor.

230 — Tasse à bouillon et son couvercle, décor polychrome.

231 — Très-belle Tasse à bouillon et son couvercle, ailerons
découpés à jour, couverts de paysages avec
figures. Pièce exceptionnelle par la finesse des
peintures dont le couvercle et la tasse sont ornés.

232 — Tasse à bouillon et son couvercle, ailerons à feuilles
vertes.

233 — Jardinière, genre rocaille, avec sujets maritimes sur
trois faces, peinture d'une fermeté extrême.

MOUSTIERS

234 — Superbe Fontaine, son bassin, son couvercle, son support, décor polychrome, sujets Callot, d'un émail et d'une conservation remarquables.

235 — Plat ovale, genre rocaille, dessin polychrome, au moine.

235 *bis* — Grand et beau plat ovale, décor bleu à cariatides, style Bérain.

236 — Petit plat cannelé, style Bérain.

237 — Plat à barbe décor bleu, style Bérain.

238 — Sucrière décor bleu, style Bérain.

239 — Sucrière, décor bleu, grotesque.

240 — Tasse à bouillon et son couvercle, décor polychrome, genre Bérain.

241 — Grand plat oblong, genre rocaille, style Béraiu.

242 — Porte-huilier décor bleu.

242 *bis* — Assiettes variées de décors, bleu polychromes, jaunes, etc.

242 *ter* — Un Christ en croix, encadré à jour, d'une extrême finesse, formant bénitier, décor polychrome.

LORRAINE, STRASBOURG, NIDERVILLER ET SAINT-CLÉMENT

243 — Deux très-belles jardinières genre rocaille à relief, décorées en rouge, ornées de bouquets de fleurs.

244 — Deux saucières décors rouge et vert, très-belles de forme.

245 — Sucrière à poudre et son plateau, décorée de bouquets d'une finesse extrême.

246 — Grande et belle chocolatière et son couvercle.

247 — Petite saucière à deux becs, décors à bouquets très-fins.

248 — Très-joli plat ovale sur chiffre du marquis de Custine, avec la devise : *Fais ce que tu dois, arrive ce qui pourra.*

249 — Une assiette sur chiffre du marquis de Custine, avec la même devise, bordure quadrillée à jour. Le chiffre en camaïeu rouge avec palmes enrubannées.

250 — Autre assiette pareille à la précédente.

   Ces quatre pièces sont de la plus grande rareté.
   Une autre, la même devise au fond de l'assiette, décor plus foncé.

251 — Deux salières genre rocaille, en forme de bateaux chargés de marchandises ; à l'avant une tête de lion. Pièce rare.

252 — Soupière et son couvercle genre rocaille, ornée de bouquets sur le couvercle, figures groupées en ronde-bosse.

253 — Grand plat ovale avec les armes de la famille de Condé.

254 — Grand plat rond ; au fond, un bouquet.

255 — Très-joli petit plat découpé à jour, au fond un bouquet de fleurs.

256 — Petit plat à olives, faïence de Haguenau, extra-fine.

257 — Soupière et son couvercle très-finement décorée. Le bouton du couvercle est formé par un bouquet de légumes.

258 — Pot à eau et sa cuvette, décor à bouquets, le bord
orné de rubans. **Pièce très-fine.**

258 *bis* — Petit pot à **eau** genre **rocaille**, décor paysage et
papillons.

Quantité de plats, assiettes, jardinières, des
fabriques de Strasbourg, Saint-Clément, Nider-
viller, etc.

DELFT

259 — Grand plat, décor bleu ; au fond, cinq groupes :
Homme et femme représentant les fiancés, le père
et la mère, le grand-père et la grand'-mère,
l'aïeul et l'aïeule. **Extrêmement rare.**

259 — Grand plat percé de trous dit égouttoir, décoré tant
à l'intérieur qu'à l'extérieur. Au centre intérieur,
un château avec clochettons ; au revers, un
paysage avec fabriques ; sur le devant un person-
nage équestre. Décors bleu avec monogramme
P. O L. D. D. 1773. Peut-être fabrique française.

260 — Deux beurriers, leurs couvercles et leurs plateaux,
représentant deux poissons enroulés.

261 — Très-belle plaque de Delft décor polychrome.

262 — Plaque, sujet en bleu, copie de Berghem, datée
1560, très-fine et d'un émail parfait.

262 *bis* — Petite bouteille, ornements polychromes très-fins.

263 — Assiette, décor rouge, bleu et or, genre Japon, très-
fine.

264 — Une autre, idem.

265 — Une autre, décor bleu très-riche, armoiries dans
le fond.

266 — Autre, décor rouge sur fond blanc.

267 — Une autre, avec inscription : le Chinois.

268 — Une autre, compartiments bleu et bouquets.

669 — Une autre, imitation de Chine.

270 — Autre, un Repas hollandais.

271 — Autre, à compartiments, décors verts.

272 — Autre, scène de l'Evangile Saint-Mathieu.

273 — Autre, à compartiments polychromes au milieu des bouquets.

274 — Autre, avec cette inscription : le Marchand de Melons.

275 — Autre, décor bleu : un Navire.

275 *bis* — Grand plat creux ; dans le fond, un cavalier, avec l'inscription en hollandais : *le roi de Prusse*. Très-vif de décor.

Quantité de plats et assiettes variées.

MILAN

276 — Petit plat, faïence de Milan avec marque et monogramme au fond du plat. Armoiries très-compliquées. Bordure verte et rouge. Sur le marli, bouquets de fleurs, le tout émaillé, très-rare.

FABRIQUES DIVERSES ÉTRANGÈRES
INCONNUES

277 — Grand et beau surtout, décor bleu, émail très-beau, dessin très-riche, marqué B. 1731.

278 — Autre petit surtout élevé, à quatre pieds en forme de dauphins, surmontés de sirènes, d'une extrême finesse.

279 — Grand surtout, décor polychrome, fabrique allemande?

280 — Surtout à pans carrés et arrondis; galerie découpée
à jour, terre brune d'Avignon.

281 — Deux vases jaspés, faïence d'Orléans.

282 — Légumier à six pans arrondis et son couvercle, le tout
couvert de fleurs de lis en relief; décor bleu.
Rouen.

283 — Porte-huilier, faïence brune, riches ornements découpés à jour; terre d'Apt.

284 — Grand plat décor bleu chinois, émail très-remarquable. Fabrique de Limoges.

285 — Assiette à bord découpé à jour; fabrique de Marie
Berg, au centre armorié.

286 — Assiette dans le genre de Nevers Dans le fond, des
joueurs de paume avec le nom, Carré, 1757.
Pièce très-curieuse à cause des costumes.

287 — Sous ce numéro, toutes les pièces de faïences omises
au catalogue : plats, pots, buvettes, assiettes, plateaux, etc.

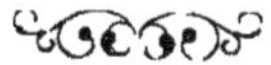

Renou et Maulde, imprimeurs de la Compagnie des Commissaires-Priseurs,
rue de Rivoli, 144.　　　36421

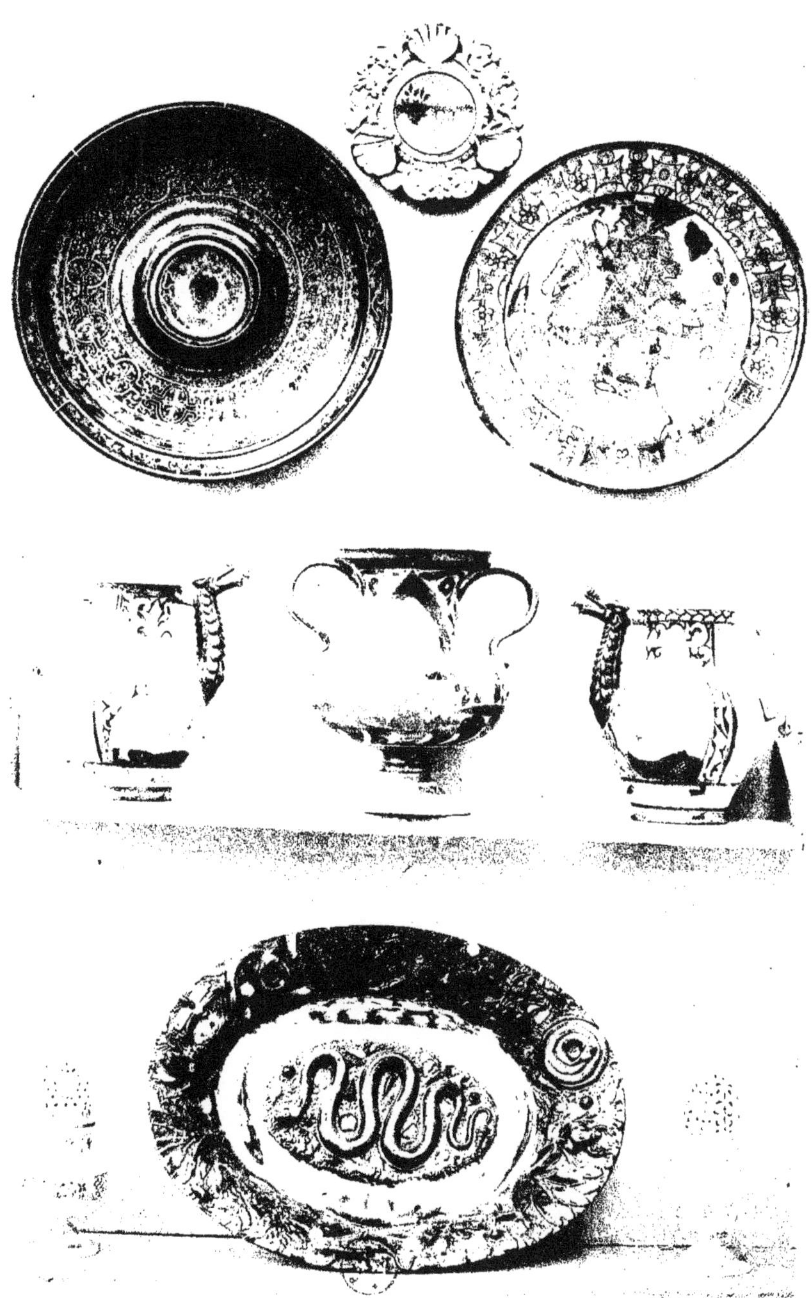

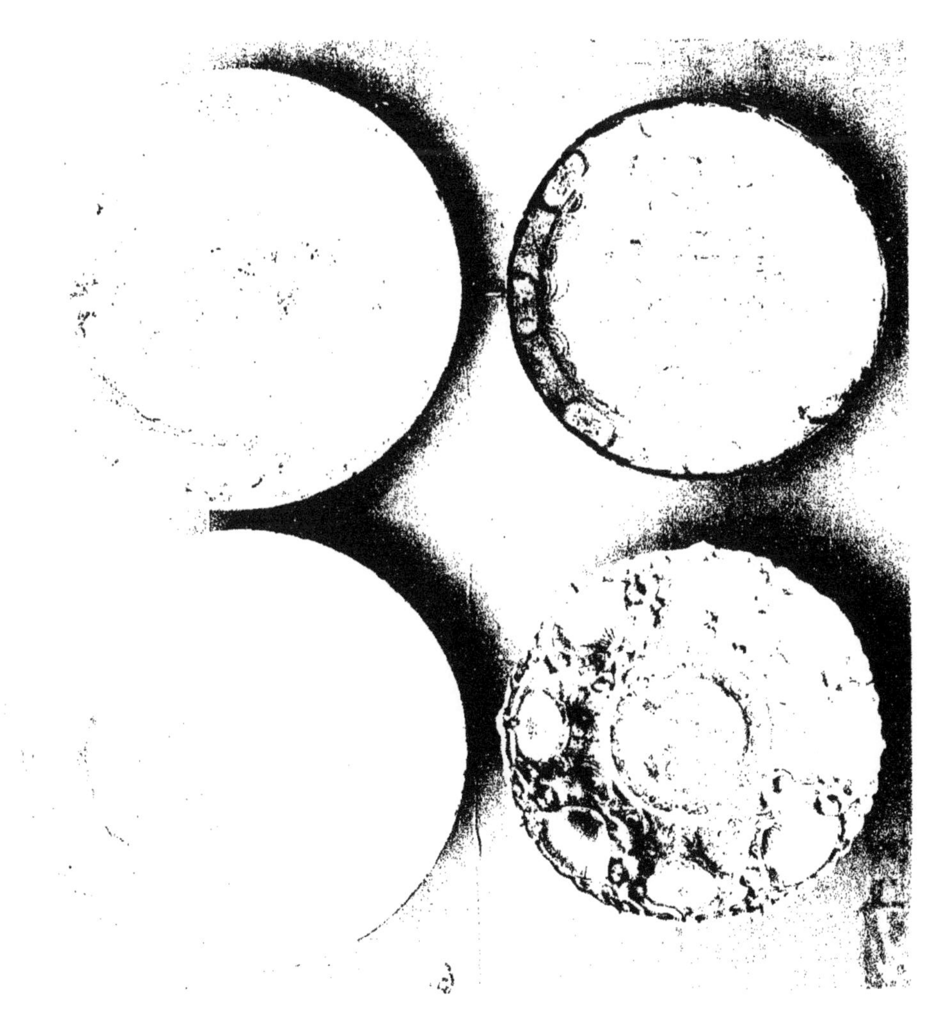

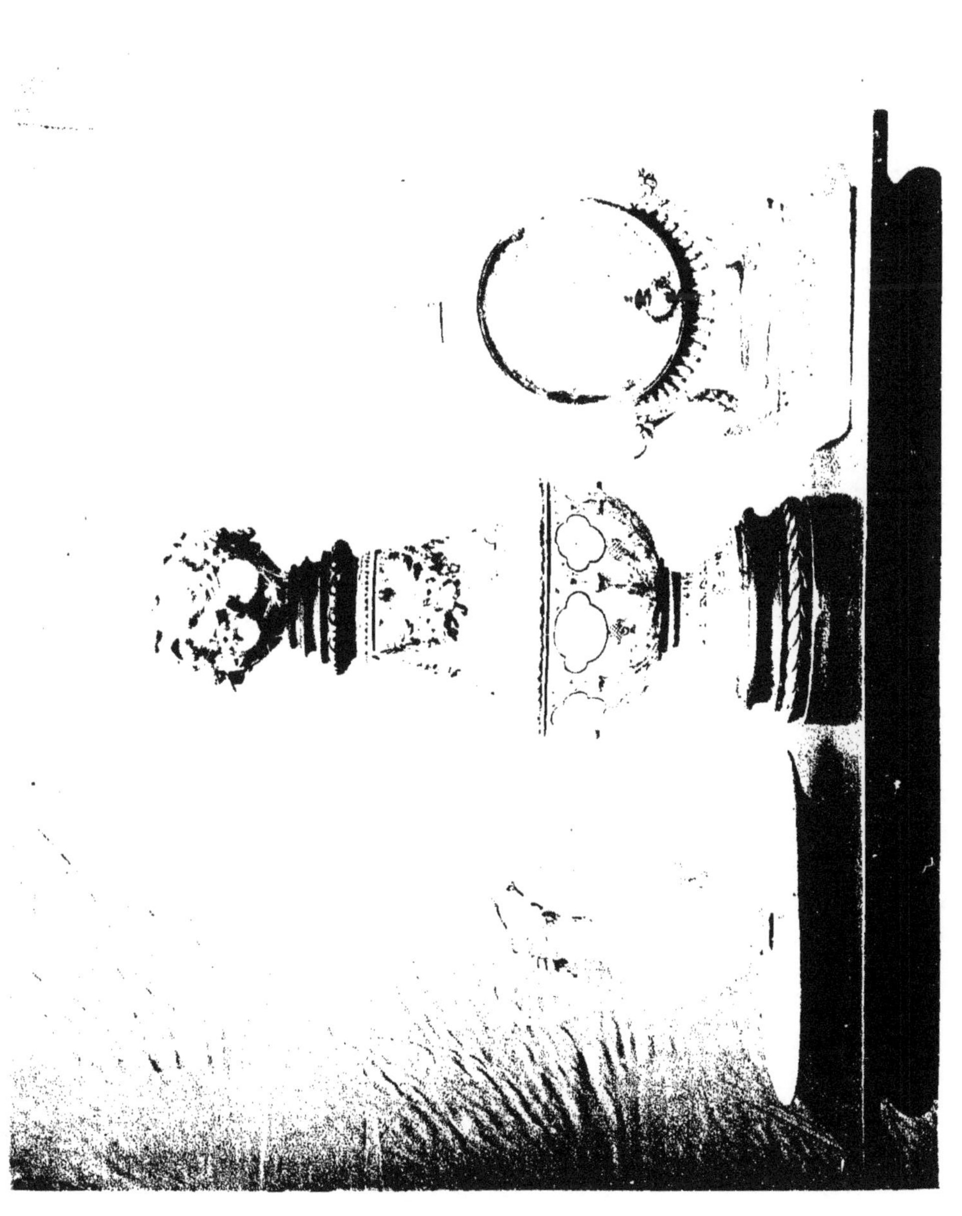

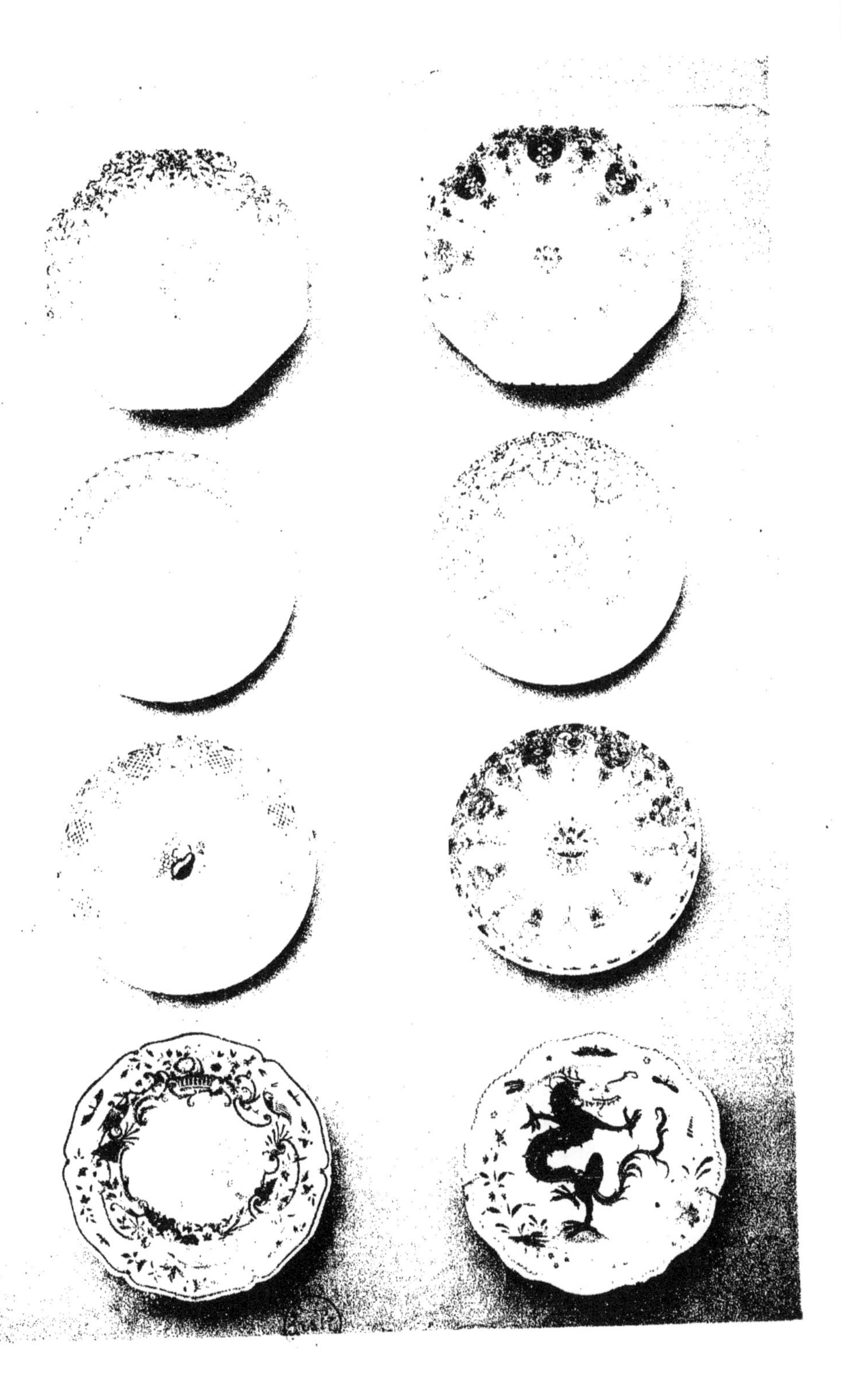

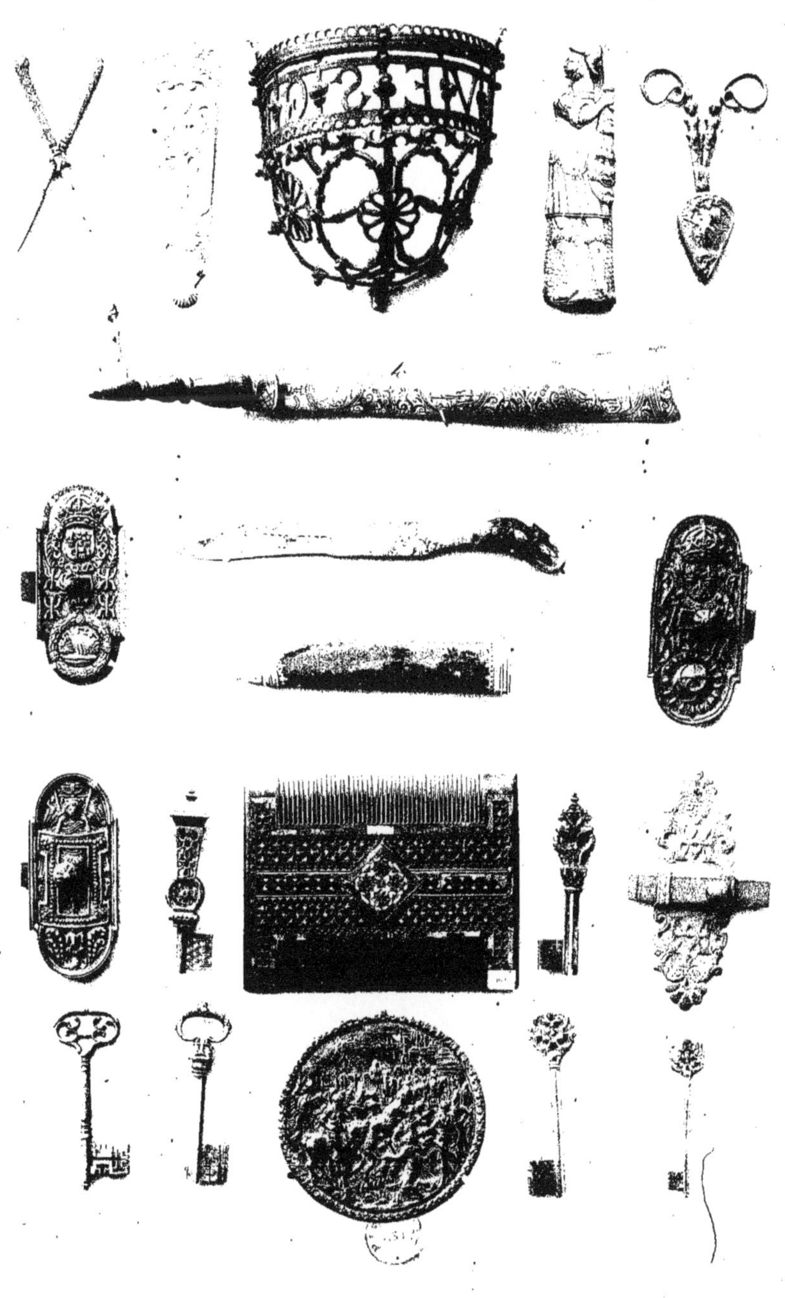